प्यास (ग़ज़ल संग्रह)

India's Fastest Growing Self Publishing House

Booksclinic Publishing

---------------------------Contact Us At---------------------------

Call or Whatapp @ 8965949968 or Mail @ publish@booksclinic.com

Website: - **www.booksclinic.com**

B.D. Complex, Near Tifra Over Bridge, Bilaspur, Chhattisgarh, India, 495001

This book has been published with all reasonable efforts taken to make the material error-free after the consent of the author.

Publisher: Booksclinic Publishing
Edition: First
ISBN: 978-93-90871-57-5

Genre: Poetry

प्यास

(ग़ज़ल संग्रह)

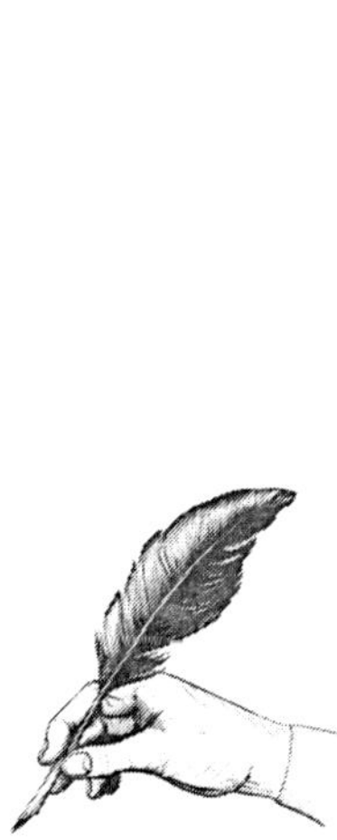

डॉ. रंजना वर्मा

अनुक्रमणिका

1

शिला कोई कहीं टूटी नहीं है ।
नदी फिर किसलिये बहती नहीं है ।।

टिकी जब आसमाँ पे हो नज़र तो
किसी भी बात से झुकती नहीं है ।।

लगे पर तोलने हैं अब परिन्दे
उड़ानों की फ़िकर होती नहीं है ।।

बहुत है आरज़ू करवट बदलती
मगर पूरी कभी होती नहीं है ।।

हुए तुम बेवफ़ा खातिर तुम्हारे
हमारे दिल मे अब तल्ख़ी नहीं है ।।

पसारे हाथ दर दर फिर रहे हैं
करें क्या भीख भी मिलती नहीं है ।।

बहुत हैं थक चुके चल कर अकेले
मिला तुम सा कोई साथी नहीं है ।।

तुम्हारा नाम ले कर जी रहे हैं
मगर दुनियाँ हमे भाती नहीं है ।।

किसी को राह कोई क्या दिखाये
अँधेरा है शमा जलती नहीं है ।।

2

पल भर में मेरा प्यार मेहरबान ले गया ।
नज़रें मिला के दीन औ ईमान ले गया ।।

उल्फ़त की राह में हज़ार आफ़तें मगर
किश्ती में रख के शौक से तूफ़ान ले गया ।।

हसरत थी आरज़ू थी तमन्ना भी वस्ल की
जाते हुए वो सब मेरे अरमान ले गया ।।

उसकी ही मेहरबानियां रहतीं वजूद में
वो अपने साथ मेरा निगहबान ले गया ।।

ले कर जिगर का खून रचाईं हथेलियाँ
बिन देखे मेरे शौक के सामान ले गया ।।

नाज़ो अदा से पालते जिस लाड़ले को हम
जब उम्र ढली होंठों की मुस्कान ले गया ।।

होकर नज़र से दूर वो खुश है चलो अच्छा
ये बात जुदा है हमारी जान ले गया ।।

यादें हैं इल्तिज़ा है तसव्वुर है जुस्तजू
ख़्वाबों समेत वो मेरी पहचान ले गया ।।

कर जिसकी इबादत है गुज़ारी ये ज़िंदगी
दिल तोड़ गया साथ में भगवान ले गया ।।

3

हमें तन्हाईयाँ औ ग़म मिला है ।
नहीं मेरी ये किस्मत की खता है ।।

जिबह मत कीजिये यूँ जानवर को
हुआ उस का भी रब से वास्ता है ।।

मरे की खाल लोहा फूँक देती
गजब होता असर हर आह का है ।।

हुआ दहशत का ऐसा बोलबाला
बशर हर इक यहाँ सहमा हुआ है ।।

बहाना अश्क़ भी बेहद जरूरी
पिघल के फिर कोई अरमाँ बहा है ।।

कहीं है आग रातो दिन सुलगती
शहर कोई कहीं उजड़ा हुआ है ।।

तलाशें हमसफ़र कोई जहाँ में
सफ़र तनहाइयों का सिलसिला है ।।

4

रब से जो भी मिला बुरा न हुआ ।
दर्द मेरा कभी गिला न हुआ ।।

याद तेरी कसक रही दिल में
भूल जाऊँ कभी ऐसा न हुआ ।।

कौन ऐसा है इस ज़माने में
जिंदगी में जिसे धोखा न हुआ ।।

जख़्म उल्फ़त ने दिये हैं इतने
कोई मरहम कोई दवा न हुआ ।।

चाँदनी रात जलाने आयी
चाँद उसका तो बेवफ़ा न हुआ ।।

जुल्फ़ बिखरा रहीं घटाएँ हैं
बूँद भर का भी आसरा न हुआ ।।

बेरुखी अब भी कसमसाती है
दर्द अब तक मेरा रवां न हुआ ।।

मुझ में तू इस कदर समाया है
दिल ये ग़म से कभी रिहा न हुआ ।।

याद तेरी है समन्दर जैसी
तू कभी दिल से ही जुदा न हुआ ।।

5

लोग तो कुछ भी कहा करते हैं ।
आप तो दिल मे बसा करते हैं ।।

जिस को कोई समझ नहीं पाये
इस अदा से वो वफ़ा करते हैं ।।

वो कभी भी न दिखायी देते
जिनसे मिलने की दुआ करते हैं ।।

चीर कर देख लिया है दिल को
जख़्म अब खुद ही सिया करते हैं ।।

वो निगाहों से दूर हैं लेकिन
हर घड़ी दिल मे रहा करते हैं ।।

एक उम्मीद वस्ल की लेकर
ग़म जुदाई का सहा करते हैं ।।

ये शबे हिज्र गुज़र जायेगी
सोच के ये ही जिया करते हैं ।।

6

किराये के घर मे गुज़ारा हैं करते ।
यूँ ही ज़िंदगानी सँवारा है करते ।।

समस्या कभी उलझनें जब बढ़ाती
कन्हैया की मूरत निहारा हैं करते ।।

अगर हो गयीं गलतियाँ हों कभी तो
उन्हें हम स्वयं ही सुधारा हैं करते ।।

जहाँ पर न मझधार पड़ती दिखायी
वहीं अपनी कश्ती उतारा हैं करते ।।

जिधर से तुम्हें इस तरफ को है आना
निगाहों से रस्ता बुहारा हैं करते ।।

मुहब्बत का ही पाठ सीखा है केवल
लड़ाई से हरदम किनारा हैं करते ।।

कभी जब समय साथ देता नहीं है
लिया साँवरे का सहारा हैं करते ।।

7

सबका दिल से रिश्ता यार ।
लेकिन सब खुद से बेज़ार ।।

सब को है यह सच मालूम
इच्छाएँ हैं दुख का सार ।।

दुखदायी है धन का मोह
है फिर भी सब को दरकार ।।

हरि की कृपादृष्टि की कोर
धरती पर कहलाती प्यार ।।

रहता मन में नित्य प्रपञ्च
करते झूठा ही व्यवहार ।।

देते जो औरों को कष्ट
पर - हिंसा उनका त्यौहार ।।

जब जब होता विचलित धर्म
लेते हैं श्री हरि अवतार ।।

8

अंधेरे में जब तक उजाले रहेंगे ।
सदा दहशतों के हवाले रहेंगे ।।

लगी बंदिशें जब तलक बोलने पर
लबों पर लगे यूँ ही ताले रहेंगे ।।

अगर पीर समझी नहीं मुफ़लिसों की
सदा दूर मुँह से निवाले रहेंगे ।।

नहीं सीख ली ग़र तवारीख़ से तो
कई नाग बाहों में पाले रहेंगे ।।

समझ लेंगे जिस दिन वक़त औरतों की
न सीता को घर से निकाले रहेंगे ।।

लगाते वतन के लिये जां की बाज़ी
वतन में हमेशा जियाले रहेंगे ।।

अगर लड़खड़ाये कदम राह में तो
उसे बढ़ के हम सब सँभाले रहेंगे ।।

9

आपसे रूठ कर हम किधर जायेंगे ।
बिन मिले आपसे हम तो मर जायेंगे ।।

फूल खुशबू लिये खिल रहे डाल पर
एक दिन खिल के यूँ ही बिखर जायेंगे ।।

जा रहे बज़्म से हैं हमारी अगर
ये बता दीजिये अब किधर जायेंगे ।।

मुश्किलें आ पड़ीं तो न घबराइये
दिन परेशानियों के गुज़र जायेंगे ।।

बीच मझधार में डोलतीं कश्तियाँ
नाम ले कर ख़ुदा का उबर जायेंगे ।।

आप तो फेर कर मुँह चले जा रहे
याद पीछा करेगी जिधर जायेंगे ।।

इक नज़र डाल लीजे इधर आप तो
भाग्य बिगड़े हमारे सँवर जायेंगे ।।

10

खुशियों में किसी की कभी शामिल नहीं रहा ।
ये दिल किसी के प्यार के काबिल नहीं रहा ।।

भटका किया सहरा में ज़माने के हमेशा
खुद बन के रहा रास्ता मंजिल नहीं रहा ।।

जिस ओर बढ़ा जा रहा था अपना सफ़ीना
मौजों के सिलसिले रहे साहिल नहीं रहा ।।

थी चाह जबरदस्त तभी तो गुलाब का
खारों तले खिलना कभी मुश्किल नहीं रहा ।।

यूँ तो रहे - हयात थी काँटों की रहगुज़र
थी जान लुटी कुछ भी तो हासिल नहीं रहा ।।

साथी नहीं है फिर भी जिये जा रहा है वो
जिस दिल पे नाज़ था मुझे वो दिल नही रहा ।।

कर के गुनाहे-इश्क़ भी इतरा रहा है जो
अंजाम से अपने कभी ग़ाफ़िल नहीं रहा ।।

11

ग़म में भी मुस्कायेंगे ।
वक्त बदलते जायेंगे ।।

आँखों में जगने वाले
ख़्वाब हमें छल जायेंगे ।।

झूठी सच्ची बातें कह
कब तक दिल बहलायेंगे ।।

बची हुई अपनी साँसें
यादों को दे जायेंगे ।।

गीत जुही के फूलों से
धरती पर लिख जायेंगे ।।

दूर गगन के बीच कहीं
हम आशियाँ बनायेंगे ।।

बन के फूल बहारों में
दुनियाँ को महकायेंगे ।।

12

भुलाया जाता नहीं है मुझ से तेरी नज़र का सवाल करना ।
नज़र उठा के भी कुछ न कहना नज़र झुका के कमाल करना ।।

पुकारतीं है नज़र ये तुझको चला भी आ अब तो पास मेरे
बसा हुआ है नज़र में मेरी तेरा वो हँसना धमाल करना ।।

यही तमन्ना रही है दिल की हो हाथ में तेरे हाथ मेरा
न रूठ जाये कभी तू मुझसे मेरी मुहब्बत बहाल करना ।।

बना मसीहा तू जिंदगी का दिखा था जिस दिन करीब मेरे
उसी मुलाकात की कसम है मेरी हमेशा सँभाल करना ।।

न भूल जाना कसम वो वादे किये थे उल्फ़त में जो इरादे
कदम बढ़ाते मैं थक भी जाऊँ सनम मेरा कुछ खयाल करना ।।

हुआ ज़माना है बेमुरव्वत नहीं किसी से हो कोई शिकवा
कहे जो कोई बुरा या अच्छा न बात का तू मलाल करना ।।

भटक न जाना तू ज़िंदगी के फरेब वाले हैं सारे रस्ते
चला चले मंजिलों की जानिब तू ये सफ़र बेमिसाल करना ।।

13

जरा तरस हम पे खाइये तो ।
हमारी महफ़िल में आइये तो ।।

न कीजिये शर्मसार खुद को
निगाह अपनी उठाइये तो ।।

नज़र में रख लेंगे कैद कर के
नज़र नज़र से मिलाइए तो ।।

सही न जाये जो कैदे उल्फ़त
नक़ाब रुख से हटाइये तो ।।

बिना हमारे जियेंगे कैसे
ये राज़ भी अब बताइए तो ।।

उठाएंगे नाज़ आप के हम
मनायेंगे रूठ जाइये तो ।।

चले ही आएंगे शीश के बल
हमें भी दिल से बुलाइये तो ।

रखेंगे दिल मे हमेशा हमदम
हमारा दिल भी लुभाइये तो ।।

न सिर्फ कीजे वफ़ा की बातें
वफ़ा किसी से निभाइये तो ।।

14

लोग ख़्वाबों की महफ़िल सजाते रहे ।
ख्वाहिशों को ही बस आज़माते रहे ।।

हम तुम्हारे लिये अजनबी तो नहीं
किसलिये हमसे दामन बचाते रहे ।।

था न मुमकिन कि आगे हमारे बढ़ें
खींच वो पाँव हम को गिराते रहे ।।

हम बनाते रहे आशियाँ प्यार का
लोग टूटी छतों को बचाते रहे ।।

चाँदनी चाँद दोनों कहीं गुम हुए
पर सितारे यूँ ही जगमगाते रहे ।।

आँख में एक तिनका कहीं से पड़ा
नैन दोनों मगर डबडबाते रहे ।।

फूल को एक दिन की मिली जिंदगी
खुशबुओं के खजाने लुटाते रहे ।।

मंजिलों से पड़ा ही नहीं वास्ता
रास्ते भी निगाहें चुराते रहे ।।

दर्द हद से बढ़ा तो दवा बन गया
दर्द सीने में फिर भी दबाते रहे ।।

15

शबे हिज्र को तुम हवा तो न दोगे ।
कभी ज़िंदगी में भुला तो न दोगे ।।

सजाया है तुम ने तबस्सुम लबों पे
किसी मोड़ पर अब रुला तो न दोगे ।।

बड़ी देर से हो समन्दर किनारे
मेरा नाम लिख कर मिटा तो न दोगे ।।

किसी ग़ैर की जुल्फ़ में तुम उलझ कर
मुझे अपने दिल से हटा तो न दोगे ।।

तुम्हारे बिना हम अगर जी न पायें
हमें ज़िंदगी की दुआ तो न दोगे ।।

है महबूब हमको मुहब्बत तुम्हारी
कहीं ख़्वाब मेरे मिटा तो न दोगे ।।

बड़ा बेमुरव्वत जमाना है साथी
कहीं दुश्मनी तुम बढ़ा तो न दोगे ।।

चले थाम कर हाथ हम हैं तुम्हारा
कहीं रास्ते मे गिरा तो न दोगे ।।

बहारें कभी चूम लें आ के दामन
हमे बेखुदी का सिला तो न दोगे ।।

16

मुहब्बत कोई अफ़साना नहीं है ।
यहाँ होता कोई शिकवा नहीं है ।।

बनायेगें वहाँ हम आशियाना
जहाँ सूरज कभी ढलता नहीं है ।।

न देखो इस तरह जानिब हमारी
तुम्हारा प्यार तो धोखा नहीं है ।।

हमारे दर्द की परवा न करना
हमारा जख़्म अब रिसता नहीं है ।।

शबे फ़ुरकत में आहें हैं लबों पर
मगर भीगा कभी तकिया नहीं है ।।

अँधेरे रास्ते दिल को डराते
कहीं कोई दिया जलता नहीं है ।।

बगूले रेत के उड़ते हैं हरसूं
कहीं दिखता मगर साया नहीं है ।।

भरोसे का नहीं दिखता है कोई
यहाँ रिश्ता कोई सच्चा नहीं है ।।

पड़ी मंझधार में कश्ती हमारी
हमें पर नाखुदा मिलता नहीं है ।।

17

तू कभी पास न आया साक़ी ।
गो कि हर रोज़ बुलाया साक़ी ।।

प्यास भड़की खड़े मैखाने में
पर न दो घूँट पिलाया साक़ी ।।

तोड़ डाले हैं गुल उमीदों के
ख़ाक में इतना मिलाया साक़ी ।।

अब हैं बेज़ार इस मुहब्बत से
जिस ने इस तरह रुलाया साक़ी ।।

बाद जो आये उन्हें मय दे दी
पास हम को न बुलाया साक़ी ।।

महफ़िले इश्क़ में परवाने को
साथ शम्मा के जलाया साक़ी ।।

तेरा कैसा है ये इंसाफ़ ए शरअ
टूटे दिल को न मिलाया साक़ी ।।

18

तेरी दुनियाँ बड़ी निराली है ।
है अँधेरी कहीं उजाली है ।।

क्या कहूँ कुछ नहीं कहा जाये
देख होली कहीं दिवाली है ।।

छेड़ देता है जिस किसी को भी
लोग कहने लगे मवाली है ।।

हर किसी की मदद किया करता
उस ने शोहरत बहुत कमा ली है ।।

पा गया यूँ तो है बड़ा रुतबा
उस की औकात देखी भाली है ।।

ज़िंदगी है बड़ी हसीन मगर
दिन है उजला तो रात काली है ।।

चाहे कितना अमीर हो कोई
रब के आगे मगर सवाली है ।।

19

गला भी प्यास का चटका नहीं है ।
अभी बादल कोई बरसा नहीं है ।।

तुम्हारी आँख में सूरत निहारी
हमारे पास आईना नहीं है ।।

चले आओ बुलाते हैं तुम्हें हम
यहाँ दूजा कोई रस्ता नहीं है ।।

सुना है बेवफा तुम हो गये हो
न ये कहना कोई रिश्ता नहीं है ।।

लिये मुट्ठी नमक की फिर रहा वो
पता ही जख़्म का लगता नहीं है ।।

तुम्हारी ही परस्तिश की हमेशा
ख़ुदा को तो कभी देखा नहीं है ।।

तुम्हारी राह में पलकें बिछायीं
चले आओ कि दिल लगता नहीं है ।।

20

आप का ही खयाल है अब तो ।
ज़िंदगी बेमिसाल है अब तो ।।

बस रहा जो हमारे दिल मे है
शख़्स वो बाकमाल है अब तो ।।

वो जो आतंक को बढ़ाते है
खून उनका न लाल है अब तो ।।

भर गयी धूल से हवा ऐसे
साँस लेना मुहाल है अब तो ।।

है बरसने लगी घटा गम की
दर्द आँसू बहाल है अब तो ।।

राह में है नहीं शज़र कोई
धूप का ये जलाल है अब तो ।

भूल बैठा सफ़ेद काला जो
पास उसके ही माल है अब तो ।।

21

ज़िंदगी अंत तलक साथ निभाने से रही ।
फिर शिकायत क्यूँ हमें सारे ज़माने से रही ।।

तिश्निगी बढ़ती ही जाती है नहीं हल उस का
मौज सागर की तो अब प्यास बुझाने से रही ।।

तीरगी ऐसी कि सूझे नहीं साया भी कोई
तेज तूफ़ान में अब रौशनी आने से रही ।।

हो के नाराज़ मसर्रत भी है मुँह फेर गयी
रूठ के बैठी है अब हम को बुलाने से रही ।।

मुश्किलों से थे मिले दिन सुकून के थोड़े
अब बिना बात जीस्त उनको गंवाने से रही ।।

चार दिन के लिये आयी थीं बहारें भी इधर
ये पहाड़ों को हवा बात बताने से रही ।।

रात आधी से अधिक बीत रही है यूँ ही
लोरियाँ गा के परी हम को सुलाने से रही ।।

22

कहानी दिलों की लिखे जा रहे हैं ।
सभी जख़्म खुद ही सिये जा रहे हैं ।।

नहीं जानते झूठ व्यापार फिर भी
भलाई सभी की किये जा रहे हैं ।।

कहीं रूठ जाये न उल्फ़त हमारी
मुहब्बत के हाथों बिके जा रहे हैं ।।

किसी को है रोटी मयस्सर न होती
खज़ाने किसी के भरे जा रहे हैं ।।

नहीं वस्ल है अपनी किस्मत में लेकिन
अधूरी ये ख़्वाहिश किये जा रहे हैं ।।

कोई ग़म न हो ज़िंदगी में तुम्हारी
दुआ रब से ये माँगते जा रहे हैं ।।

कहा अलविदा बेदिली से है तुमने
पलट के तुम्हें देखते जा रहे हैं ।।

23

अब कभी बेक़रार मत करना ।
झूठ पर ऐतबार मत करना ।।

ज़िंदगी चंद घड़ी की पायी
सिर्फ़ अब इंतज़ार मत करना ।।

ग़म बहुत जिंदगी में आयेंगे
पर खुशी को उधार मत करना ।।

प्यार पर वश तो है नहीं फिर भी
बेवफ़ा हो तो प्यार मत करना ।।

जो गरीबी में दिन गुज़ार रहे
जिंदगी उनकी ख्वार मत करना ।।

माँ बहन बन के जो है साथ तेरे
उन से झूठा क़रार मत करना ।।

तोड़ लेना नहीं कली कोई
रौशनी दाग़दार मत करना ।।

24

कभी तो मिलेगी नज़र देख लेना ।
मुहब्बत का मेरी असर देख लेना ।।

न जब साथ कोई दिखायी तुम्हें दे
खड़े हम जिधर हैं उधर देख लेना ।।

यही एक दिन सबका अंजाम होगा
गिरा आँधियों में शज़र देख लेना ।।

मुसीबत अकेली भला कब है आती
करें लोग कैसे बसर देख लेना ।।

न ग़र रह सको साथ तनहाइयों के
रहे साथ जो हमसफ़र देख लेना ।।

सताना किसी भी न मज़लूम को तुम
दुआओं का भी यों असर देख लेना ।।

न चलना हो मुमकिन सफ़र हो अधूरा
नयी फिर कोई रहगुज़र देख लेना ।।

25

सारे नाते निभा गयीं आँखें ।
जब से दिल मे समा गयीं आँखें ।।

ख़्वाब कितने ही जगा देती हैं
मन को कुछ ऐसे भा गयीं आँखें ।।

है कसक जैसी नज़र में उनकी
दर्द दिल का सुना गयीं आँखें ।।

कुछ न कह के भी बहुत कुछ कहतीं
जाने क्या क्या बता गयीं आँखें ।।

है मुहब्बत की अजब लज़्ज़त ये
रोग दिल को लगा गयीं आँखें ।।

लब पे मुस्कान सजाये रक्खी
भेद फिर भी बता गयीं आँखें ।।

दिल के अंदर हैं दुबक के बैठीं
कितना बेबस बना गयीं आँखें ।।

26

बेमज़ा सी मेरी ज़िंदगी रह गयी ।
सारी उम्मीद दिल मे दबी रह गयी ।।

बेवफ़ा तुम नहीं बेवफ़ा हम नहीं
फिर ये दूरी भला क्यों बनी रह गयी ।।

तुम गये छोड़ के यूँ अकेली मुझे
आँख में अब मेरे बस नमी रह गयी ।।

साँस थकने लगी टेरते टेरते
रब मिला ही नहीं बन्दगी रह गयी ।।

चाँदनी चाँद दोनों हुए बेरहम
साथ देने को बस तीरगी रह गयी ।।

ताज उल्फ़त की कोई निशानी नहीं
ये अमीरी भी बन दिल्लगी रह गयी ।।

ख़्वाब मुफ़लिस भी है देख लेता मगर
उसके ख़्वाबों में फाकाकशी रह गयी ।।

27

हैं आप मेरे साथ यही भूल न जायें ।
दुश्मन है ज़माना भला अब कैसे निभायें ।।

कहने को तो कहते हैं सभी हम हैं तुम्हारे
सच कहते वही हैं जो सदा साथ निभायें ।।

मुफ़लिस की सुने आह न फुर्सत है किसी को
देते ही रहें दर्द भरी लोग सदाएँ ।।

हर मोड़ पे आवाज़ तुम्हें देते रहे हम
सुनने के लिये बात नज़र भी तो मिलायें ।।

मसले न कभी हल हैं हुए जीस्त के लेकिन
शिकवा न करें हम न कभी अश्क़ बहायें ।।

हमने जो पिये अश्क़ नशा उसका चढ़ा है
अल्लाह करे हम न कभी होश में आयें ।।

गिरवी हैं पड़े ख़्वाब खुशी भी न सकी मिल
भड़की जो हुई प्यास उसे कैसे बुझायें ।।

28

हमारे दिल को जाने क्या हुआ है ।
पुरानी याद में खोया हुआ है ।।

बहा था आँख से जो एक आँसू
पलक में आज तक अटका हुआ है ।।

हुआ था श्याम नीला आसमाँ भी
बरस कर किस क़दर निखर हुआ है ।।

समन्दर तोड़ ही देता किनारा
नदी की आस में ठहरा हुआ है ।।

संभाले से संभलता ही नहीं ये
तेरी ज़ुल्फों में दिल उलझा हुआ है ।।

तलाशे फिर रहे हैं आशियाना
न जाने शह्र किस खोया हुआ है ।।

हमारी बन्दगी मंज़ूर कर ले
तेरी चौखट पे ही सज़दा हुआ है ।।

29

भरी नैन में नित खुमारी लगे ।
मुहब्बत में अश्क़ों से यारी लगे ।।

हया से झुकी जा रही हो नज़र
खुली ज़ुल्फ़ भी जब सँवारी लगे ।।

न सूरत न ही उम्र से कुछ गिला
नसीहत दिलों पर कटारी लगे ।।

उफनने लगे जब उमर की नदी
हर इक शख़्स जैसे शिकारी लगे ।।

नवाबों से भी जा के क्या माँगना
सभी रब के आगे भिखारी लगे ।।

मिलें वस्ल के चार दिन भी अगर
तो बाहों में दुनियाँ ये सारी लगे ।

गुज़ारें चलो ज़िंदगी इस तरह
कि ये जीस्त जन्नत से प्यारी लगे ।।

30

बात फुरकत की तुम किया न करो ।
जख़्म दिल को नये दिया न करो ।।

बन गयी दर्द का समन्दर है
ज़िंदगी के लिये दुआ न करो ।।

झुक के चलना सभी को है लाज़िम
रब से खुद को कभी बड़ा न करो ।।

बेवफ़ाई पे हो भड़क जाते
खुद किसी से भले वफ़ा न करो ।।

हैं भरोसे के सब कहाँ क़ाबिल
भेद हर एक से कहा न करो ।।

साँस घुट जाये ग़र कलेजे में
क़ैद अल्फ़ाज़ यूँ किया न करो ।।

दिन हैं मौसम बदल ही जायेंगे
दर्द दिल मे यूँ ही सहा न करो ।।

31

वक्त ग़र ये बेवफ़ा हो जायेगा ।
सिर्फ ग़म का सिलसिला हो जायेगा ।।

मिल नहीं पाया जमीं से आसमाँ
वो भी इक दिन गुमशुदा हो जायेगा ।।

गलतियों को ग़र भुलाते ही रहे
वो गुनाहों का ख़ुदा हो जायेगा ।।

है बदल दी राह तो मत लौटना
जख़्म सूखा फिर हरा हो जायेगा ।।

मिल गया रुतबा जरा झुक कर चलो
क़द तुम्हारा भी बडा हो जायेगा ।।

पाँव सच की राह पर आगे बढ़े
सारी दुनियाँ का भला हो जायेगा ।।

आसमाँ को ओढ़ धरती लो बिछा
खूबसूरत आशियाँ हो जायेगा ।।

32

न जाने दिल को मेरे क्या हुआ है ।
पुराने दिन बुलाना चाहता है ।।

न फूलों से करो तुम रश्क़ ऐसे
बहारों के बिना सूनी फ़िज़ा है ।।

चमकती रेत सागर के किनारे
कि जैसे फ़र्श चांदी का बिछा है ।।

डरो मत नाम से उल्फ़त के लोगों
मुहब्बत इक जरूरी हादसा है ।।

सनम जाओ नहीं मुँह फेर कर यूँ
बता भी दो कि जो हमसे गिला है ।।

सिखाते नेकियाँ सब दूसरों को
सबक़ अपने लिये लेकिन जुदा है ।।

लिखो मत नाम उँगली से यहाँ पर
समन्दर ही मिटाने पर तुला है ।।

बहुत मुश्किल हुआ है साँस लेना
हवाओं में ज़हर इतना घुला है ।।

न कीजे बात अब नाकामियों की
कहाँ मंज़िल है ये किसको पता है ।।

33

प्यार के गीत हम गुनगुनाते रहे ।
रस्म यूँ जिंदगी की निभाते रहे ।।

है फ़लक के तले खिल रही चाँदनी
चाँद को किसलिये तुम बुलाते रहे ।।

इस क़दर हम पे दहशत है तारी हुई
खौफ़ बन कर अँधेरे डराते रहे ।।

था लबों पर तबस्सुम खिला हर घड़ी
अश्क़ पलकों पे फिर भी सजाते रहे ।।

थम गये रास्ते मंज़िलें खो गयीं
बेख़ुदी में फ़साने सुनाते रहे ।।

हाथ में दुश्मनों के थे खंज़र मगर
हम उन्हें ही गले से लगाते रहे ।।

सरहदों पे जुनूँ की कमी कब हुई
क्यों लपेटे कफ़न लोग आते रहे ।।

34

जिंदगी ठहरी हुई थी इक रवानी दे गया ।
हम जिसे थे भूल बैठे वो कहानी दे गया ।।

तोड़ कर नाते गया यूँ तो नयी ही राह पर
जाते जाते मदभरी यादें सुहानी दे गया ।।

रात हर करवट बदलते बीत जाती है यूँ ही
ख़्वाब में हाथों में कोई रातरानी दे गया ।।

जो किया वादा भुलाया बढ़ गयीं बेचैनियाँ
दर्दे दिल की वो हमें अच्छी निशानी दे गया ।।

है लगी उसको हवा बदले ज़माने की मगर
ओढ़ने को वो हमें चादर पुरानी दे गया ।।

सोचते थे ज़िंदगी में हम न रोयेंगे कभी
दर्द फुरकत का मगर आँखों में पानी दे गया ।।

अब किसीसे भी शिकायत या नहीं कोई गिला
मुफ़लिसी के दौर में बिटिया सयानी दे गया ।।

35

पास आकर जरा मुझ से भी तो पहचान करो ।
अपने दिल मे मेरे ख़्वाबों को भी मेहमान करो ।।

रोज़ ही माँगने वालों की भीड़ होती यहाँ
साँवरे इनको भी अपनी दया का दान करो ।।

ज़िन्दगी रोज़ नये रूप की मोहताज़ रहे
रूप कोई भी हो सूरत पे न अभिमान करो ।।

हो जो मुमकिन तो दर्द बाँट लो दुनियाँ के सभी
ख़्वाब में जा के किसी को न परेशान करो ।।

दोस्त मानो मगर नीयत जरा टटोल तो लो
हाथ दुश्मन के नहीं अपना गिरहबान करो ।।

काम वो करके दिखा दो कि जहां मान ही ले
अपना हर देश से ऊँचा सदा निशान करो ।।

कब्र में जा के किसी नफ़रतों को आओ सुला
अपने गुस्से की ये ढीली जरा कमान करो ।।

36

चारो ओर हमारे कितने कंकर पत्थर बिखरे हैं ।
मन की आँखें खोल निहारो तो शिव शंकर बिखरे हैं ।।

रोज़ सँवारा करते हैं हम चंद चुनिंदा ख़्वाबों को
कौन समझता है हम कितना मन के अंदर बिखरे हैं ।।

नदियाँ पर्वत से ला कर हर रोज़ भरा क़रतीं लेकिन
कब यह जाना साहिल साहिल कई समन्दर बिखरे है ।।

उम्मीदों के कई घरौंदे सजते रहते आँखों में
अंदर अंदर सिमट गये सब बाहर बाहर बिखरे हैं ।।

खुद में कैद कर लिया खुद को आँखें बन्द किये बैठे
देखता नहीं ज़माने में खुशरंग मनाज़र बिखरे हैं ।।

देख गरीबी मुफ़लिस की बेबस आँखों की तनहाई
ये जाना जीवन - राहों पर काँटे कंकर बिखरे हैं ।।

हाथ उठाये रोज़ दुआएँ हैं रब से माँगा करते
वो क्या जाने भूखे बच्चे कैसे दर दर बिखरे हैं ।।

37

हमारा सुख भरा संसार होगा ।
कन्हैया का अगर दीदार होगा ।।

चले आओ तुम्हे दिल ढूंढ़ता है
तुम्हारे ही लिये तो प्यार होगा ।।

रचेगी हाथ मे मेंहदी हमारे
तुम्हारे वास्ते सिंगार होगा ।।

नहीं हामी भरी पर हँस दिया वो
कहें कैसे कि ये इक़रार होगा ।।

छिपाये जेब में फिरता है ख़ंजर
नहीं ऐसा कोई दिलदार होगा ।।

हथेली पर रखेगा जो कलेजा
वही उल्फ़त का इस हक़दार होगा ।।

बनाया नाखुदा जब साँवरे को
लिये वह हाथ में पतवार होगा ।।

झुकाया सर मगर माँगा न कुछ भी
ज़माने में वही खुद्दार होगा ।।

हवा जब खुशबुओं के ख़त सहेजे
चमन अपना तभी गुलज़ार होगा ।।

38

वो हमारे प्यार में रुसवा हुआ ।
जाने कैसे दिल को ये धोखा हुआ ।।

आग चारो ओर नफ़रत की लगी
आज आलम है बहुत सहमा हुआ ।।

चाँद क्योंकर मुँह छुपाने है लगा
धूप से उस का नहीं रिश्ता हुआ ।।

हैं नहीं कलियाँ गुलाबों की खिलीं
किसलिये है ये चमन महका हुआ ।।

आसमाँ के ही तले होगी बसर
छोड़ आये गाँव जब जलता हुआ ।।

बस तसल्ली दिल को ये दे लीजिये
आज तक जो भी हुआ अच्छा हुआ ।।

हादसे कुछ इस क़दर हावी हुए
है अना का आइना टूटा हुआ ।।

39

अगर जमीं है कहीं आसमान तो होगा ।
यहाँ वहाँ न सही पर जहान तो होगा ।।

नहीं टपकता कोई आसमान से यारब
हरिक बशर का कोई खानदान तो होगा ।।

गये थे टूट जो रिश्ते हैं जुड़ गये लेकिन
पड़ी जो गाँठ है उसका निशान तो होगा ।।

न है वकील न मुंसिफ़ न ही गवाह कोई
जो सच कहे वो हमारा बयान तो होगा ।।

सफ़र ये जीस्त का लंबा है गुज़र जायेगा
मुड़ेगी राह जहाँ इम्तेहान तो होगा ।।

गया था फेर के मुँह तू हमारे कूचे से
ये दर्द अब दिलों के दरमियान तो होगा ।।

मिटा रहा है उमड़ कर निशान साहिल के
नया नया है समन्दर उफान तो होगा ।।

इसी उमीद पे भटका किये उमर सारी
किसी गली में तुम्हारा मकान तो होगा ।।

जलायी जिसने कलेजे में आग उल्फ़त की
ख़ुदा वो मुझ पे कभी मेहरबान तो होगा ।।

40

आह भरते ही रहे हम प्यार में ।
लुत्फ़ तो पाया महज़ इक़रार में ।।

चार दिन की ज़िंदगी है प्यार कर
क्यों फँसा बेकार की तक़रार में ।।

ज़िन्दगी ग़म का समन्दर ही सही
है न लज़्ज़त दर्द के इज़हार में ।।

हम ज़माने से करें अब क्या गिला
है पड़ी इंसानियत मंझधार में ।।

ढूँढते फिरते जिसे पाया नहीं
रात इतनी भीड थी बाजार में ।।

मेनकाएँ फिर रही हैं हर तरफ़
अब नहीं मिलती सिया संसार में ।।

राम सा राजा नहीं है अब कहीं
मस्त सब रावन के ही किरदार में ।।

41

ज़िन्दगी के रास्ते पर चल रही हूँ ।
मैं समय के रूप में ही ढल रही हूँ ।।

मुफ़लिसी में भी जो बच्चों को सहेजे
मैं वही ममता भरा आँचल रही हूँ ।।

प्यास जो बेकल ज़मीं की है बुझाती
आसमानों में वही बादल रही हूँ ।।

पेट मे है भूख बन कर खौलती जो
शांत करने को उसी को जल रही हूँ ।।

बन वफ़ा की एक मूरत हूँ ढली मैं
इश्क़ की आँखों में बन काजल रही हूँ ।।

बेबसी के नाग हैं तन से लिपटते
उन सभी के वास्ते सन्दल रही हूँ ।।

जो नयी उम्मीद ले कर आँख खोले
मैं वही आगत सुहाना कल रही हूँ ।।

42

राह ये ज़िंदगानी की अनजान है ।
कब किसी से हुई तेरी पहचान है ।।

ख़्वाब बनकर निगाहों में तू बस गया
तू मिले अब यही दिल में अरमान है ।।

तू मसीहा ज़माने का है बन गया
मुफ़लिसों के लबों की तू मुस्कान है ।।

आ गयी टूट कर है जवानी मगर
इश्क़ के मामले में तू नादान है ।।

हैं मुहब्बत की राहों में उलझन भरी
चल सकोगे ख़ुदा ग़र मेहरबान है ।।

हार देना न हिम्मत किसी बात से
अब ख़ुदा ही तुम्हारा निगहबान है ।।

अश्क़ पोंछो अगर बढ़ के मजलूम के
मत कभी सोचना ये कोई दान है ।।

43

तुम्हें हमने अपना बनाया न होता ।
तो आँखों से आँसू बहाया न होता ।।

समझते अगर रस्म हम जिंदगी की
मुहब्बत में जां को लुटाया न होता ।।

न आग़ाज़ होता कभी दुश्मनी का
अगर उसने समझा पराया न होता ।।

कभी मेरी तुमसे नज़र ही न मिलती
तुम्हें अपने नज़दीक पाया न होता ।।

उड़ी हर तरफ हो वफ़ाओं की खुशबू
जफ़ा ने किसी को रुलाया न होता ।।

परिन्दे उतरते छतों पर सभी के
अगर जाल कोई बिछाया न होता ।।

न रातों में गिनते कभी यूँ सितारे
गले से तुम्हें ग़र लगाया न होता ।।

44

दिल तुझे ग़र दिया नहीं होता ।
दर्द का सिलसिला नहीं होता ।।

अपने वादे जो निभा जाता वो
जख़्म दिल का हरा नहीं होता ।।

मीरा होती न ग़र दिवानी तो
विष का प्याला पिया नहीं होता ।।

इस तरह से न सताते अपने
अश्क़ इतना बहा नहीं होता ।।

तू निभाता अगर वफ़ा अपनी
दरमियाँ फ़ासला नहीं होता ।।

राम जाते न जंगलों में तो
कोई काँटा चुभा नहीं होता ।।

आसमाँ की न चादरें होतीं
धूल का बिस्तरा नहीं होता ।।

45

अपना जलवा वो हरिक रोज़ दिखाता है मुझे ।
मिल न पाऊँ तो इशारों से बुलाता है मुझे ।।

साँवरा बैठ के मंदिर में निहारे मुझ को
उस का अंदाज़ अनोखा यही भाता है मुझे ।।

मैं भटक जाऊँ कभी राह से सच ईमां की
थाम कर हाथ सही राह पे लाता है मुझे ।।

छोड़ देता है ज़माना मुझे अक्सर तन्हा
सांवरा ख़्वाब में ले के चला आता है मुझे ।।

खेल ही खेल में जब रूठ कभी जाऊँ मैं
धुन वो वंशी की बजा कर के मनाता है मुझे ।।

हर तरफ छाये अँधेरों को मिटाने के लिये
वो चिराग़ों की तरह रोज़ जलाता है मुझे ।।

लोग कहते हैं उसे संग संगदिल फिर भी
वो दया कर के मुसीबत से बचाता है मुझे ।।

46

छोड़िये प्यार के फ़साने को ।
कौन कहता है दिल लगाने को ।।

ये इबादत है कोई खेल नहीं
रहने दीजे यूँ आज़माने को ।।

मान दशरथ ने बात रानी की
कह दिया राम से वन जाने को ।।

खुद ही रावन को हैं बना देते
फिर हैं लाते उसे जलाने को ।।

आप आँखों से हैं समझ लेते
कुछ न बाक़ी रहा बताने को ।।

जन्म देकर जिसे सँवारा है
वो चला है हमें मिटाने को ।।

बेवफ़ाई को था वफ़ा समझा
दो न इल्ज़ाम अब ज़माने को ।।

47

जो हुआ बेताज़ उसके ताज़ की बातें करो ।
दोस्तों अब इक नये अंदाज़ की बातें करो ।।

क़ैदखाना कर दिया घर औरतों के वास्ते
खोल दो पिंजरा ज़रा परवाज़ की बातें करो ।।

गुनगुनाने पर भी जो बन्दिश लगाते ही रहे
कर उन्हें आज़ाद मीठे साज़ की बातें करो ।।

बेरुखी से इस तरह जाओ नहीं मुँह फेर कर
पास आकर कुछ दिले नासाज़ की बातें करो ।।

डाल कर ताले जुबाँ पर चाहते हो बोल दूँ
जो नहीं गूँजी उसी आवाज़ की बातें करो ।।

जो हुआ अच्छा हुआ आगे बढ़ो यह मान कर
और सब होगा भला तुम आज की बातें करो ।।

मिट गया तारीख़ से ग़र नाम भी तो क्या हुआ
भूल कर सब फिर नये आगाज़ की बातें करो ।।

48

ज़िंदगी के चलन देखता रह गया ।
शख़्स वो खुद से ही हारता रह गया ।।

जान की भी थी बाजी लगाई मगर
कुछ न पाया फ़क़त हौसला रह गया ।।

रास्ते तो थे सारे ही काँटों भरे
डर गया जो रुका का रुका रह गया ।।

झूठ को मिल गयी मंज़िले ज़िंदगी
और सच बस खड़ा सोचता रह गया ।।

चाहते थे गुज़ारिश करें आप से
सारा किस्सा मगर बिन कहा रह गया ।।

आप जब से गये छिन गयी हर खुशी
अब न जीने में कोई मज़ा रह गया ।।

कद्र कोई हक़ीक़त की करता नहीं
और वो था कि सच बोलता रह गया ।।

तीरगी घेरने है लगी इस तरह
रौशनी का न अब आसरा रह गया ।।

चल रही है हवा यूँ जफ़ाओं की अब
की वफ़ा वो मगर बेवफ़ा रह गया ।।

49

किसी का प्यास से सूखा गला है ।
तो कोई बाढ़ में बहने लगा है ।।

नहीं है ज़िंदगी से अब मुहब्बत
तजुर्बा कुछ उसे ऐसा हुआ है ।।

कभी तो ज़िंदगी आवाज़ देगी
अकेले में वो अक्सर सोचता है ।।

ज़माने में वफ़ा किस ने निभाई
न कहना अब उसे वो बेवफ़ा है ।।

जिसे हो ढूँढते वो मैं नहीं हूँ
तुम्हें शायद कोई धोखा हुआ है ।।

कभी तो पास आ कर कह दे कोई
कि वो बस दिल को मेरे चाहता है ।।

सदा है गूँजती तनहाइयों में
कोई दरिया की तह में रो रहा है ।।

हमेशा दिख रहा जो साथ मेरे
नहीं दूजा है कोई आईना है ।।

नहीं मिलती उसे मंजिल कभी भी
जो अपनी राह से भटका हुआ है ।।

50

सुकूँ दिल को न दे पाये कभी घर हो नहीं सकता ।
हमेशा दर्द दे दिल को वो दिलवर हो नहीं सकता ।।

तसल्ली दे नहीं ग़म में न दिल का जख़्म पहचाने
मुहाफ़िज़ हो न राहों में वो रहबर हो नहीं सकता ।।

उड़े ऊंचाइयों पर आसमानों की भले लेकिन
कभी इंसां कोई रब के बराबर हो नहीं सकता ।।

न हो दुख दर्द से वाकिफ़ हमेशा ही खुशी पाये
किसी इंसान का ऐसा मुकद्दर हो नहीं सकता ।।

करोड़ों की सँभाले आस्था रहता जो मंदिर में
सभी का इष्ट है भगवान पत्थर हो नहीं सकता ।।

नहीं कुछ पास है रखता उगल देता है साहिल पर
उफ़न जाये जो नदियों से समन्दर हो नहीं सकता ।।

ज़माने को भरे मुट्ठी में कोई चाहता लेकिन
मुकद्दर का कोई ऐसा सिकन्दर हो नहीं सकता ।।

51

दिल में कोई छुपा ग़म तो है ।
आँख तेरी तभी नम तो है ।।

पोंछ के अश्क़ तू हँस दिया
बात में मेरी कुछ दम तो है ।।

तू हँसा तो चमन खिल गया
खुशनुमा आज मौसम तो है ।।

है अलोनी सी ये जिंदगी
कुछ यक़ीनन कहीं कम तो है ।।

जा रही बेवज़ह ज़िंदगी
रूठता आज आलम तो है ।।

चोट की कोई परवा नहीं
पास में अपने मरहम तो है ।।

तिश्निगी लब पे मचली तो क्या
फूल पर थोड़ी शबनम तो है ।।

52

देश को फिर इक कहानी चाहिये ।
बस वही संस्कृति पुरानी चाहिये ।।

मुल्क को आगे बढ़ा सबकी सुने
राज वो ही राजधानी चाहिये ।।

हो विचारों पर न कोई क़ैद अब
मुक्ति की पुरवा सुहानी चाहिये ।।

खौल उट्ठे दुश्मनों को देख कर
खूं रगों में हो न पानी चाहिये ।।

जो सदा महफूज़ रक्खे मुल्क को
अब हमें ऐसी जवानी चाहिये ।।

जो हुए कुर्बान अपनी आन पर
उन शहीदों की निशानी चाहिये ।।

देशभक्तों को मिले सम्मान नित
सोच ऐसी ही बढ़ानी चाहिये ।।

53

सुनाऊँ क्या फ़साना बेकसी का ।
भरोसा ही नहीं जब ज़िंदगी का ।।

गरीबी जब किसी के पास आती
न देता साथ कोई आदमी का ।।

रहे तुम यार जब तक साथ मेरे
नहीं एहसास था कोई कमी का ।।

घिरीं काली घटाएँ आसमाँ में
रहा मौसम नही अब वो खुशी का ।।

करें क्या कुछ समझ आता नहीं है
अजब आलम है अपनी बेख़ुदी का ।।

दिवाली आ गयी है पास शायद
झमाका हो रहा है रौशनी का ।।

फ़लक की गोद मे ही है टहलती
नहीं लेकिन भरोसा चाँदनी का ।।

54

जहाँ बच्चे न हों वो सूना घर अच्छा नहीं लगता ।
न सच की राह जाये वो बशर अच्छा नहीं लगता ।।

न हों फल फूल भी तो क्या रहे पत्तों पे हरियाली
किसी भी बाग़ में सूखा शज़र अच्छा नहीं लगता ।।

ये माना टूट कर गिरते खिज़ा में हैं बहुत पत्ते
बिना फूलों के लेकिन गुलमोहर अच्छा नहीं लगता ।।

हमेशा पिस रहे जो लोग दौरे मुफ़लिसी में हैं
उन्ही पे टूटता अक्सर क़हर अच्छा नहीं लगता ।।

तमन्ना चाँद की सब को हमेशा ही हुआ करती
दुआएँ हो गई हों बेअसर अच्छा नहीं लगता ।।

ये माना रौशनी सब को मयस्सर हो नहीं पाती
किसी घर मे अँधेरा हो मगर अच्छा नहीं लगता ।।

तबाही हों मचाते देश में आतंकवादी जब
निकलना तब घरों से सज सँवर अच्छा नहीं लगता ।।

55

मत छिपाओ चाँद को फिर तीरगी बढ़ जायेगी ।
रोक लो तनहाईयों को बेखुदी बढ़ जायेगी ।।

डोलतीं क़ासिद हवाएँ खुशबुओं के ख़त लिये
बाँच दे बागे सबा दिल की खुशी बढ़ जायेगी ।।

है सितारों की चढ़ी बारात दूल्हा चाँद है
बदलियाँ घूँघट उठा दें चाँदनी बढ़ जायेगी ।।

रह गयी है ज़िंदगी में अब फ़क़त तन्हाईयाँ
आप आ जायें तो थोड़ी ज़िंदगी बढ़ जायेगी ।।

बल्ब बिजली के चमकते खूबसूरत हैं मगर
दीप मिट्टी के जला दो रौशनी बढ जायेगी ।।

नींद की परियाँ सजा देतीं पलक पर ख़्वाब को
वरना दुनियाँ में बड़ी दीवानगी बढ़ जायेगी ।।

मत तमाशा तुम बनो रक्खो निगाहों में हया
ग़र ज़रा झुक कर चलोगी सादगी बढ़ जायेगी ।।

56

बहता आँखों से आँसू है ।
दिल भी होता बेकाबू है ।।

नैन बसी है मूरत तेरी
साँसों में तेरी खुशबू है ।।

जो गिरता दामन पर मेरे
तेरी आँखों का आँसू है ।।

हो जिस ओर नज़र ये मेरी
दिखता मुझ को तू ही तू है ।।

मेरे मन को काट रहा जो
तल्ख ज़ुबानों का चाकू है ।।

धीरे से कर गया असर जो
तेरी आँखों का जादू है ।।

नाच रही है आज मुहब्बत
बाँधे पाँवों में घुँघरू है ।।

57

दर्द सीने में दबाये रखिये ।
अश्क़ आँखों में बसाये रखिये ।।

बाँटने को न कोई आयेगा
ग़म कलेजे में छुपाये रखिये ।।

साथ खुशियों के ज़माना सारा
लब पे मुस्कान सजाये रखिये ।।

मिल न पाये जिगर तो रहने दें
हाथ हाथों से मिलाये रखिये ।।

तीरगी बढ़ने लगी है हर सूं
प्यार की शम्मा जलाये रखिये ।।

टूट जाये न कहीं दिल कोई
दिल मे अरमान जगाये रखिये ।।

डूब जायें न भँवर में फँस कर
आप पतवार चलाये रखिये ।।

58

ज़िंदगानी में बेक़रारी है ।
याद आने लगी तुम्हारी है ।।

नींद आती ही नहीं आँखों में
रात सँग याद के गुजारी है ।।

याद में जागते रहे हैं हम
आप की आँखों में खुमारी है ।।

रोकने से कभी नहीं रुकते
अश्क़ आँखों में हुई यारी है ।।

सिर्फ दर्शन की चाह है दिल में
दर तुम्हारा है दिल भिखारी है ।।

साँवरे मुझ पे भी दया करना
तुमने बिगड़ी सदा सँवारी है ।।

हमने तो ज़िंदगी निछावर की
अब तुम्हारी वफ़ा की बारी है ।।

59

पी कहाँ का सुर तराना हो गया ।
आज दिल फिर आशिक़ाना हो गया ।।

खुशबुएँ ले कर हवाएँ उड़ चली
और लो मौसम सुहाना हो गया ।।

साँवरी छवि जब निहारी श्याम की
दिल हमारा भी दिवाना हो गया ।।

ख़्वाब आँखों मे सहेजे रात दिन
ज़िंदगी का ये बहाना हो गया ।।

फिर नये बिरवे बगीचों में लगे
पंछियों का चहचहाना हो गया ।।

गिर रहे हैं जो शज़र से टूट कर
दिल वही पत्ता पुराना हो गया ।।

प्यार से उस ने निहारा जब हमें
बस तभी दुश्मन ज़माना हो गया ।।

60

कभी भरोसा किया तो होता ।
हमें भी तुम ने पढ़ा तो होता ।।

भले नहीं मिलता कोई क़ासिद
कभी कोई ख़त लिखा तो होता ।।

तलाश ही लेते हम भी मंजिल
मगर तुम्हारा पता तो होता ।।

छुपा के सीने में रख भी लेते
हमें कभी दिल दिया तो होता ।।

वो पास आता कभी हमारे
कभी बना दिलरुबा तो होता ।।

कभी विसाले सनम भी होता
कभी कोई रतजगा भी होता ।।

झुका के सर ग़म कबूल करते
उसे 'हमारा' लिखा तो होता ।।

61

चला जो गया हमको नाशाद कर के ।
जिये जा रहे हम उसे याद कर के ।।

हुई ज़िंदगी हर मसर्रत से खाली
मिला क्या तुझे मुझको बर्बाद कर के ।।

यहाँ कोई सुनता नहीं है किसी की
हमे कुछ मिलेगा न फ़रियाद कर के ।।

बहुत खुश रहे सामने रह के तेरे
न आता मज़ा कुछ तेरे बाद कर के ।।

जमाना था वो और जब सब सगे थे
न अब कोई खुश होता इमदाद कर के ।।

बहुत मस्त बुलबुल था अपने जुनूँ में
चला आया है कोई सैयाद कर के ।।

मिटाने लगा आदमी खुद की हस्ती
नये कुछ शग़ल रोज़ ईजाद कर के ।।

62

खड़े दोराहे पे सोचते हैं कि रोज़ जश्ने बहार क्यों हो ।
लिपट रहे हैं जो दामनों से हमारे हिस्से में ख़ार क्यों हो ।।

तुम्हारी यादें तुम्हारे किस्से कभी नहीं होंगे दूर दिल से
मगर कभी हम समझ न पाये कि दिल तुम्हीं पे निसार क्यों हो ।।

रही न शब चैन नींद वाली रहे बदलते हम यूँ ही करवट
न ख़्वाब आँखों में कोई आया भरा नज़र में खुमार क्यों हो ।।

कभी न की हमने बेवफ़ाई कभी न चाहा था दूर जाना
जो तोड़ जाते हैं अपने वादे हमारा उनमें शुमार क्यों हो ।।

न जाने किस की है बददुआ ये जो साथ है छूटा यूँ हमारा
तुम्ही कोई रास्ता बताओ ये हादसा बार बार क्यों हो ।।

कभी किसी का था दिल न तोड़ा न ही कभी हम थे बेमुरव्वत
कोई बता जाये हम से आ के कि दूर तेरा दयार क्यों हो ।।

अजब जमाना गज़ब खुदाई कभी नहीं हम को रास आयी
कभी समझ में नहीं ये आया हमेशा अपनी ही हार क्यों हो ।।

63

मुझको ही एहसास हुआ क्या ।
चाँद फ़लक पर आज दिखा क्या ।।

डोल रहा आँगन में मेरे
कोई खुशबू का झोंका क्या ।।

खुशियाँ तो हैं रूठ चुकीं सब
एक तबस्सुम सा झलका क्या ।।

नींद नहीं आती आँखों में
आज लगा कोई पहरा क्या ।।

दीवाली के ही कारण बस
सिर्फ प्रदूषण है फैला क्या ।।

महकी महकी दिल की वादी
आज इधर से वो गुज़रा क्या ।।

मन है ढूँढ़ रहा तनहाई
सोच रही हूँ मैं क्या से क्या ।।

64

यादों में मैं तुझे ढूँढ़ता रहता हूँ ।
जाने सोया रहता हूँ या जागा हूँ ।।

फूल बहारों में ही सिर्फ खिला करते
मैं हर रोज़ पसीना बन के महका हूँ ।।

जो न कहीं भी ठहरे थक कर रस्ते में
मैं वो गंग जमुन सा बहता दरिया हूँ ।।

पतझारों में झरते पत्ते दूर गये
काँटा हूँ मैं जो डाली पर ठहरा हूँ ।।

जागी आँखों में जो रोज़ समाया सा
मैं आँखों का वो ही ख़्वाब सुनहरा हूँ ।।

सहमी सहमी झुकी नज़र में खौफ़ बना
हिम्मत वालों में बन हिम्मत रहता हूँ ।।

बन के रहा तबस्सुम प्यासे होठों का
बन के अश्क़ नज़र से मैं ही टपका हूँ ।।

65

कुछ नया काम कर रही हूँ मैं ।
नित नयी राह पर रही हूँ मैं ।।

उस ने इल्ज़ाम तो दिया ही नही
क्यों बिना बात डर रही हूं मैं ।।

खत्म होता कहीं नहीं है जो
एक अंधा सफ़र रही हूँ मैं ।।

जिस पे कोई कभी नहीं चलता
बस वही रहगुज़र रही हूँ मैं ।।

तेरे वादे तो टूटते ही रहे
आज ख़ुद से मुकर रही हूँ मैं ।।

जिस पे आती कभी बहार नहीं
वो अकेला शज़र रही हूँ मैं ।।

रोज़ थी ढूँढती अना अपनी
आज खुद में उतर रही हूँ मैं ।।

66

हर कदम जीस्त ये बताती है ।
हार के बाद जीत आती है ।।

धूप छाया सी जिंदगी होती
हमको मुश्किल यही सिखाती है ।।

हर दुआ कब क़बूल है होती
क्यों मुसीबत तुझे रुलाती है ।।

सर से ऊपर से है गुज़र जाती
धूल को जब हवा उड़ाती है ।।

जाने अब क्या हुआ नज़र मेरी
उस के चेहरे पे ठहर जाती है ।।

मेरी आँखों में ख़्वाब रहने दे
आसमानों को नींद आती है ।।

अब खुशी की न चाह है बाक़ी
याद तेरी हमें बुलाती है ।।

67

निगाहों में समाता जा रहा है ।
वही बस याद आता जा रहा है ।।

लगे हैं जख़्म कितने ही न जाने
मगर वो मुस्कुराता जा रहा है ।।

बड़ी खामोश सी हैं ये फ़िजायें
वो फिर भी गुनगुनाता जा रहा है ।।

नहीं जो दूर जा कर लौट पाता
उसे ही दिल बुलाता जा रहा है ।।

तसल्ली कोई तो दे जाय उस को
जो तन्हा छटपटाता जा रहा है ।।

घिरी है रात अँधियारी घनेरी
दिया बस झिलमिलाता जा रहा है ।।

न पूछो आज तनहाई का आलम
ज़िगर में ग़म समाता जा रहा है ।।

68

खुदगर्जियों की आज न कोई मिसाल है ।
इस वक्त आप को न किसी का खयाल है ।।

है मुफ़लिसी ने कर दिया सब को करीब यूँ
सब ये समझ रहे हैं कि जीना कमाल है ।।

तौबा हैं लोग करने लगे अब जो ऐब से
ये खौफ़ बदी का भी खुदा का जलाल है ।।

नेकी की राह चल के भी पायीं न नेमतें
मुद्दत से आज भी यही उलझा सवाल है ।।

पर्दे का चलन छोड़ हैं बाहर हिजाब से
ये हौसला औरत का तो बस बाक़माल है ।।

हम इंतज़ार करते रहे आप का मगर
आये नहीं हैं आप इसी का मलाल है ।।

दुनियाँ किसी भी एक की खातिर नहीं बनी
ये क़ायनात रब के किये का जलाल है ।।

69

अगर अंदाज़े उल्फ़त रास्ता ए आम हो जाता ।
ये अपना इश्क़ भी यारों बहुत बदनाम हो जाता ।।

उसी का नाम जप होता घड़ी हर जागते सोते
निगाहों में अगरचे साँवरे का धाम हो जाता ।।

कभी आता सँवरिया जो हमारे दिल की बस्ती में
तड़पते रात दिन दिल को जरा आराम हो जाता ।।

नहीं देता है कोई साथ मुश्किल ग़र पड़े कोई
तुम्हारा नाम लेते तो हमारा काम हो जाता ।।

ग़मे फुरकत में यूँ जलते बहुत दिन हो गए अब तो
जशन तेरे दरश का ही मेरा ईनाम हो जाता ।।

बड़ी शिद्दत से देखी राह दिलवर तेरे आने की
तेरी चौखट पे आना वस्ल का पैगाम हो जाता ।।

दिखे जो नक्शे पा तेरे खुदे पत्थर शिलाओं पे
उन्ही पर सर झुका लेते हमारा नाम हो जाता ।।

70

मेरी वफ़ाओं का मुझको यही सिला दे कर ।
गया है कोई मुझे दर्द अनकहा दे कर ।।

हमारी चाहतें ख़्वाबों में ढल गयीं अब तो
चले गये वो मुरादों का सिलसिला दे कर ।।

चिराग़ बुझने लगे देख लो उमीदों के
जला दो आज इसे वक्त की हवा दे कर ।।

चले भी आओ जरा जश्ने चरागां कर लें
न लौट जाओ ग़मे हिज्र की दुआ दे कर ।।

उठीं वो आँधियाँ तूफ़ान थम नहीं पाये
[illegible] न रोक सकी गम का वास्ता दे कर ।।

कदम तो राहे वफ़ा में थे लड़खड़ाये पर
तसल्लियाँ न मिलीं मुझको ही जफ़ा दे कर ।।

तड़प रहे जो लिये जख़्म आशनाई के
उन्हें भी राहतें बख़्शी कोई दवा दे कर ।।

71

नज़र में भरी यूँ खुमारी लगे ।
बिना नींद ही शब गुज़ारी लगे ।।

मेरे सर लगें सब बलायें तेरी
उमर यार तुझको हमारी लगे ।।

तुझे सौंप दी ज़िंदगी साँवरे
हमे तेरी मूरत भी प्यारी लगे ।।

न मिलता कभी चैन आठो पहर
भरी जीस्त में बेक़रारी लगे ।।

नहीं चैन पाता कोई इश्क़ में
किसी को न अब ये बिमारी लगे ।।

मिली हो ज़माने की दौलत मगर
तेरे दर पे हर इक भिखारी लगे ।।

तेरे नाम में श्याम लज़्ज़त बड़ी
तुझे अब भुलाना ही भारी लगे ।।

बड़े खूबसूरत नजारे यहाँ
ये दुनियाँ तेरी ही सँवारी लगे ।।

तेरी आरजू जुस्तजू भी तेरी
तेरे बिन ये जीवन उधारी लगे ।।

72

कोई हो बेवफ़ा देखा न जाये ।
किसी का रास्ता देखा न जाये ।।

करे जो नफ़रतों की बात हरदम
कभी देता दुआ देखा न जाये ।।

हमेशा हौसला खुद पे ही रखना
किसी का आसरा देखा न जाये ।।

निगाहों में बसी सूरत तुम्हारी
सिवा तेरे कोई देखा न जाये ।।

उड़ानें भर रहा जो आसमाँ में
परिन्दा वो गिरा देखा न जाये ।।

लगे हैं गुफ़्तगू सब लोग करने
हुए हैं जो जुदा देखा न जाये ।।

कभी किलकारियों से गूँजता था
ये सूना झोंपड़ा देखा न जाये ।।

73

तुम्हारे प्यार का रुतबा बड़ा है ।
कि जैसे ताज में मोती जड़ा है ।।

हमेशा देश से उल्फ़त रहेगी
यहीं पर नाल·हम सब का गड़ा है ।।

न समझा दर्द की तासीर को जो
वही प्रतिदान पाने को अड़ा है ।।

तलाशे जो बुराई दूसरों की
न कुछ सोचो जहन उसका सड़ा है ।।

घिसटना ही रही किस्मत हमेशा
है खुशकिस्मत जो पैरों पर खडा है ।।

उसी की जीत है गल-हार बनती
हमेशा हौसले से जो लड़ा है ।।

वतन पर हो चुके कितने निछावर
कहीं इस का न कोई आँकड़ा है ।।

74

खिलें फिर फूल इस दिल के चमन में ।
घुले खुशबू निराली फिर पवन में ।।

सजा लो एक फिर महफ़िल खुशी की
मिलेंगे मीत भी इस अंजुमन में ।।

जिये गुरबत में हैं जो लोग अक्सर
रखा करते हैं सच को भी रहन में ।।

हमेशा करवटें बदला किये हम
नहीं अब नींद भी आती नयन में ।।।

झलकता अक्स यादों में तुम्हारा
लगाता आग सी जैसे बदन में ।।

सजाते किसलिये हो देह इतनी
लिपटना है इसे आखिर कफ़न में ।।

अगरचे जान लो जीने का मक़सद
मज़ा आयेगा काँटों की चुभन में ।।

75

ख़्वाब आँखों मे सजाना छोड़ दे ।
बेकसी से दिल लगाना छोड़ दे ।।

दोस्ती का हाथ अब आगे बढ़ा
दुश्मनी हम से निभाना छोड़ दे ।।

तू जरा हमदर्दियाँ भी साथ रख
दूसरों पर मुस्कुराना छोड़ दे ।।

बीच धारा में सफ़ीना है मिरा
आँधियों से अब डराना छोड़ दे ।।

आग हिम्मत की हमें भी चाहिये
जुगनुओं सा झिलमिलाना छोड़ दे ।।

भूल सब ग़म सरहदों पर हैं खड़े
बेवजह आँसू बहाना छोड़ दे ।।

देश में चैनो अमन का वास हो
व्यर्थ मुद्दों पर लड़ाना छोड़ दे ।।

76

फ़लक से मसर्रत की बरसात होगी ।
मुहब्बत में डूबी कोई रात होगी ।।

बड़ी खुशनसीबी वो होगी हमारी
कि जब साँवरे से मुलाक़ात होगी ।।

हमेशा है दिल में उसी को बसाया
अगर वो मिला तो बड़ी बात होगी ।।

नहीं जान पाया कभी दिल हमारा
खुशी की घड़ी चंद लम्हात होगी ।।

रहे इश्क़ में मोड़ भी वो मिलेगा
जहाँ आँसुओं की ही सौगात होगी ।।

ये बाजी अनोखी है शतरंज जैसी
न जाने कि अब जीत या मात होगी ।।

तेरे द्वार आ के लुटा ज़िंदगी दें
हमारी कभी क्या ये औक़ात होगी ।।

77

दुख में जो बिताया है वो वक्त भुला देना ।
उम्मीद के पंछी को दिल से न उड़ा देना ।।

तकदीर सताये तो हैं लोग बिछड़ जाते
मिल जाए अगर मौका बिछुड़ों को मिला देना ।।

यादों की महफ़िलें तो हैं रोज़ सजा करतीं
ऐसे में कभी आ के आवाज़ लगा देना ।।

हर रात अँधेरी है पर नींद नहीं आती
कुछ ख़्वाब सलोने इन आँखों में बसा देना ।।

ख़त आँसुओं से लिख कर रक्खा है निगाहों में
तुम तक न पहुँच पाये अब अपना पता देना ।।

काँटे हैं बिछा देते राहों में तुम्हारी जो
मुश्किल में पड़ें ग़र वो तुम साथ निभा देना ।।

है रात बहुत काली घिरती हैं घटाएँ भी
राही न भटक जाये इक दीप जला देना ।।

78

करो मेहनत मगर है हक़ न जीने का यहाँ ।
न कोई थामता है हाथ गिरते का यहाँ ।।1

लगाओ जान अपनी और दो खुद को मिटा
नहीं अब मोल मिलता है पसीने का यहाँ ।।

नहीं कोई यहाँ है जो सुने फ़रियाद को
असर पड़ता नहीं है आह भरने का यहाँ ।।

मिले जो जख़्म सब नासूर हैं बनने लगे
चलन है ही कहाँ अब जख़्म सीने का यहाँ ।।

दिखावा दोस्त का कर के चला ख़ंजर रहे
नहीं सोचा कभी अंजाम रिश्ते का यहाँ ।।

खड़े हो के दुराहे पर लगे यह सोचने
किधर काबा किधर है जाम पीने का यहाँ ।।

भँवर में डोलती कश्ती करें अब क्या भला
नहीं जब नाखुदा क्या हो सफ़ीने का यहाँ ।।

79

तुम नहीं ख़्वाब हो हक़ीक़त हो ।
मेरे महबूब हो मुहब्बत हो ।।

रोग ये इश्क़ का अजब शै है
क्यों भला जिंदगी में राहत हो ।।

इश्क़ शिक़वे गिले नहीं करता
प्यार में किसलिये शिकायत हो ।।

बिन तुम्हारे रहा नहीं जाता
छूट पाये न तुम वो आदत हो ।।

साथ छूटे न अब कभी साथी
चाहे जितनी भी अब सियासत हो ।।

साथ देना वफ़ा की राहों पे
साँवरे तुम मिरी जरूरत हो ।।

भूल जाऊँ तुम्हें नहीं मुमकिन
तुम हक़ीक़त नहीं हो हसरत हो ।।

80

न ये पूछ मुझसे कि क्या चाहती हूँ ।
वफ़ाओं का अपनी सिला चाहती हूँ ।।

किया जो भी वादा निभाना हमेशा
वफ़ा की हमेशा वफ़ा चाहती हूँ ।।

कोई ग़म न हो जिंदगी में तुम्हारी
तुम्हें खुश सदा देखना चाहती हूँ ।।

नहीं चाहिये इस ज़माने की दौलत
तेरे इश्क़ की इन्तेहा चाहती हूँ ।।

खुशी सिर्फ अपनी नहीं चाहती मैं
सभी खुश रहें यह दुआ चाहती हूँ ।।

बहाते हैं जो खून इंसानियत का
मिले सख़्त उनको सज़ा चाहती हूँ ।।

भरी नेमतों से रहे सरजमीं ये
मसर्रत का वो सिलसिला चाहती हूँ ।।

81

ब्रजभूमि साँवरे तुझे प्यारी है आज भी ।
रहमत तेरी जहान पे जारी है आज भी ।।

घनश्याम तेरा हुस्न है कुछ ऐसा दिलनशीं
तेरा नशा दिमाग़ पे तारी है आज भी ।।

तिरछी निगाह का तेरी जादू अजीब है
चलने लगे दिलों पे कटारी है आज भी ।।

सौतन बनी है नींद है ख़्वाबों से दुश्मनी
पलकों पे रात हम ने गुज़ारी है आज भी ।।

है आरज़ू कि देख तुझे दिल में बसा लूँ
दिल ये तो तेरे दर का भिखारी है आज भी ।।

आँखों मे रखा रोक के आँसू की धार को
दिल में तेरी तस्वीर सँवारी है आज भी ।।

उम्मीद इंतज़ार भी है वस्ल के लिये
देखूँ तुझे ये चाह हमारी है आज भी ।।

रौशन करो न शम्मा उजालों के वास्ते
वो शख़्स तीरगी का पुजारी है आज भी ।।

गुरबत में रहे या ग़मों की आग में जले
लेकिन ये मुहब्बत नहीं हारी है आज भी ।।

82

बात कर लीजे वगरना दिल खफ़ा हो जायेगा ।
बेवज़ह ही आप से कुछ आसरा हो जायेगा ।।

है नहीं मूरत अगरचे मत कहो पत्थर इसे
मान लेंगे हम जिसे भी वो ख़ुदा हो जायेगा ।।

किसलिये बेचैन हो ग़र मिल न पायी राह तो
जिस तरफ़ हम चल पड़ेंगे रास्ता हो जायेगा ।।

क्या सँवारे हुस्न कोई क्या दिखाये अब अदा
देख ले भर आँख जो भी आईना हो जायेगा ।।

है अजब कारीगरी वल्लाह तेरे हुस्न की
देख लेगा जो तुझे वो बावफ़ा हो जायेगा ।।

कीजिये इज़्ज़त हमेशा आप भी माँ बाप की
लफ़्ज़ जो निकला जुबां से वो दुआ हो जायेगा ।।

मोहिनी सूरत छिपाये फिर रहा है साँवरा
इक नज़र जो देख लेगा आशना हो जायेगा ।।

83

रूप उस का कभी दिखा ही नहीं ।
उसका दर तो कभी खुला ही नहीं ।।

छूट पिंजरे से तो गया पंछी
क्या कहें वो मगर उड़ा ही नहीं ।।

राज़ हर दिल का जान लेता है
जो ज़बाँ से कभी कहा ही नहीं ।।

मंजिलों का पता वही देगा
जिसको तुमने कभी पढा ही नहीं ।।

अब तुम्हीं तक है हमारी मंजिल
दूसरा कोई रास्ता ही नहीं ।।

आँधियाँ आ गईं बुझाने को
दीप लेकिन कभी जला ही नहीं ।।

सौंप दी ज़िंदगी तुम्हें अपनी
तुमने तो की मगर वफ़ा ही नहीं ।।

84

अब जिंदगी में कोई भी नेमत नहीं रही ।
मत साथ दे अगरचे मुहब्बत नहीं रही ।।

अब भी है चाहतों के लिये दिल तरस रहे
ये बात और है कि वो गुरबत नहीं रही ।।

पतझार से भरा है सफ़र आज ये मेरा
हरियालियों की अब मुझे आदत नहीं रही ।।

गुज़रे पलों की याद तो है अब भी सालती
गरचे कि अब पुरानी वो सोहबत नहीं रही ।।

हर ओर आँसुओं से भरी बेबसी मिली
सिर पे खुदा की अब मेरे रहमत नहीं रही ।।

है किसलिये तू यूँ ही मेरे साथ चल रहा
अब साथ हो तेरा वही किस्मत नहीं रही ।।

आते जो तेरी राह में कोई न जानता
तुझको ही मगर मेरी ज़रूरत नहीं रही ।।

85

हमने सीखा ही नहीं राज़ सँवर जाने का ।
डूब जाने का कभी पार उतर जाने का ।।

देख लो रोज़ नहीं लाल कमल हैं खिलते
हर कली को न हुनर आये निखर जाने का ।।

लड़खड़ाएं तो कोई हाथ न थामें बढ़ के
कोई वादा तो करे गिर के उबर जाने का ।।

ये बुरा वक्त भी है पाँव बना अंगद का
नाम लेता ही नहीं आ के गुज़र जाने का ।।

ज़िंदगी खेल समझ के ही गुजारी तुम ने
आज तो वादा करो तुम भी सुधर जाने का ।।

चाँद आता है चला रोज़ किसी मक़सद से
रोग उस को भी लगा भोर से डर जाने का ।।

मौत का यूँ तो मुक़र्रर है कोई दिन फिर भी
अश्क़ का होता नसीबा है बिखर जाने का ।।

86

मत पूछिये कि साथ ये कैसा लगा मुझे ।
आँखों मे कोई आप की रहता लगा मुझे ।।

महफ़िल में मेरे नाम का चर्चा अजीब था
उस ने बुरा कहा भी तो अच्छा लगा मुझे ।।

हम खुल के बात करते रहे आप से मगर
हर बात में है आप की पर्दा लगा मुझे ।।

यूँ तो हज़ार जख़्म मिले बार बार पर
दिल आप की ही राह में टूटा लगा मुझे ।।

गलियाँ ये इश्क़ की हैं बड़ी तंग हो चलीं
मुश्किल भरा ये रास्ता ज़्यादा लगा मुझे ।।

करते हैं लोग इश्क़ में कुर्बान जान भी
किस्सा ये इस मुक़ाम पे झूठा लगा मुझे ।।

अपने लिये जिये तो भला काम क्या हुआ
सब कुछ वो दूसरों पे लुटाता लगा मुझे ।।

87

नाम तेरा जब लब पर आया करता था ।
चेहरा तेरा दिल बन जाया करता था ।।

जब भूले से भी मिल जाती थीं नज़रें
ख़्वाबों में बस तू ही आया करता था ।।

ख़्वाहिश बन के धड़का करता था दिल में
साँसों में मेरी तू ही तो बसता था ।।

खिल उठतीं जब कलियाँ मस्त बहारों में
खुशबू बन तू मुझे लुभाया करता था ।।

आतिश से फुरकत की जिस्म झुलसता तो
बादल से जल बन के बरसा करता था ।।

घेर मुझे जब लेती थीं यादें तेरी
खुशबू से सब घर भर जाया करता था ।।

मेरे जज़्बातों की सूनी बस्ती में
तू ही तो बस आया जाया करता था ।।

88

कहो है किसलिये ये ज़िंदगानी ।
ये सच है या कि एक झूठी कहानी ।।

अगर तुम ज़िंदगी में आ गये तो
बड़ी होगी तुम्हारी मिहरबानी ।।

बरस जायेंगे जब उल्फ़त के बादल
फ़िज़ा हो जायेगी बेहद सुहानी ।।

तुम्हारा प्यार इक बहती नदी है
लहर हर एक देती है रवानी ।।

बहुत जाना जरूरी था तुम्हारा
न फिर क्यों दे गये कोई निशानी ।।

भुला बैठे जिन्हें हैं लोग सारे
तुम्हें फिर हैं वही बातें बतानी ।।

पुराने संस्कारों को जगाओ
महकने फिर लगेगी रातरानी ।।

89

रहें जब भी अकेले हम तुम्हारी याद आती है ।
घनी तनहाइयों में भी हमारे साथ होती है ।।

समय के साथ ही दिल का हमारे दर्द गहराता
हमारी साँस भी अब आँधियों से होड़ करती है ।।

कभी जब घेरते काली घटाओं के घने साये
तुम्हारी याद बन कर नीर आँखों से बरसती है ।।

किसी भी तरह से मिलना हमारा अब नहीं मुमकिन
जहन्नुम में पड़े हैं हम तुम्हें जन्नत सुहाती है ।।

नहीं है नींद आँखों मे मयस्सर सुख न कोई भी
तुम्हारी याद इस दिल से हमेशा ही ग़ुजरती है ।।

तुम्हारे शह्र की गलियाँ भरीं एहसास से अब भी
तुम्हारी खुशबुओं से अब भी वो बस्ती महकती है ।।

चले आओ कभी तुम इस तरह मत लौट कर जाओ
शमा के साथ बिरहन आज भी लौ बन के जलती है ।।

90

वज़ह बिन फ़ासला रखते नहीं हैं ।
किसी से दुश्मनी करते नहीं हैं ।।

भरेंगे जल्द ही सब घाव तन के
जख़म अब ये बहुत गहरे नहीं हैं ।।

समझ लेता सभी का दर्द है दिल
ये आँसू यूँ ही तो बहते नहीं हैं ।।

सहेजी अश्क़ की दौलत जिगर में
जवाहर ये अभी बिखरे नहीं हैं ।।

दुआ में माँगते खुशियाँ जहाँ की
किसी से हम कभी जलते नहीं हैं ।।

हैं हँसते लोग अक्सर दूसरों पे
मगर खुद पे कभी हँसते नहीं हैं ।।

ज़माना साथ आये या न आये
मगर हम राह से भटके नहीं हैं ।।

91

बन गये पुजारी पर मन नहीं उजाला है ।
रूप तो सलोना है दिल ही उनका काला है ।।

राह चल पड़े आ के हैं खड़े दुराहे पे
एक ओर मस्जिद है उस तरफ़ शिवाला है ।।

मोह की नगरिया से भाग ही नहीं पाये
पाँव हैं मदीने में जेहन में पियाला है ।।

भक्त जन अनेकों ही रोज हैं चले आते
साँवरे कन्हैया ने पर हमें संभाला है ।।

चाह यश कमाने की छोड़ दिल नहीं पाया
आज मोह माया से पड़ा खूब पाला है ।।

देवता अनेकों हैं धर्म पन्थ भी कितने
धर्म ये सनातन तो सभी से निराला है ।।

जन्म हैं लिया करते पीर और पैगम्बर
देश मे इसी ईश्वर बना नन्दलाला है ।।

92

अश्क़ आँखों मे छुपाया जाये ।
फूल खुशियों के खिलाया जाये ।।

दोस्त को साथ लिये ही रहिये
रूठ जायें तो मनाया जाये ।।

हमसफ़र भी तो फ़रिश्ता ही है
रिश्ता उल्फ़त से निभाया जाये ।।

दर्द का बोझ उठाने के लिये
कोई हमराज़ बनाया जाये ।।

जी रहे लोग हैं खुद की ख़ातिर
लौ ख़ुदा से भी लगाया जाये ।।

राह मुश्किल है हमेशा ग़म की
दिल कहीं और लुभाया जाये ।।

रोज़ खुलते न दरीचे दिल के
राज़ ये सब को बताया जाये ।।

93

करने जो किसी देश में व्यापार चले हम ।
घर छोड़ दिया त्याग के परिवार चले हम ।।

दी कौड़ियों के मोल गंवा खेत जमीं भी
ख़्वाबों के लिये छोड़ के घर बार चले हम ।।

है याद वो बचपन कि कभी छोड़ पिता को
रस्ते में कदम भी न कभी चार चले हम ।।

हर लम्हा रहीं मुश्किलें गुरबत का बसेरा
कुछ टूटे हुए ख़्वाब लिये हार चले हम ।।

राहें थीं कँटीली न कहीं बोल मुरव्वत
अपनी ही अना करते तार तार चले हम ।।

आनी है कज़ा आयेगी ये बात जरूरी
ख़्वाहिश के मगर हो के तलबगार चले हम ।।

चाहा तो कि ईमान हिफ़ाजत से रहे पर
बन रब की निगाहों में ख़तावार चले हम ।।

94

जो गया है छोड़ कर उसको भुला सकते नहीं ।
बेवज़ह ही आज दुनियाँ को सता सकते नहीं ।।

है पड़ी आदत चमन को खुशबुओं की आजकल
क्या करें मौसम बिना गुल को खिला सकते नहीं ।।

ख़्वाब की ख़्वाहिश सभी को नींद तो हो आँख में
जो न सोना चाहता उस को सुला सकते नहीं ।।

पाँव में हैं बेड़ियाँ उड़ने की भी हसरत मगर
जो न मुमकिन हो उसे मुमकिन बना सकते नहीं ।।

थी कज़ा जब आ गयी करना पड़ा मंजूर ग़म
जाने वाले को सदा दे कर बुला सकते नहीं ।।

रात है गहरा रही घिरने अँधेरा है लगा
बेबसी अपनी कि इक शम्मा जला सकते नहीं ।।

हैं बड़ी बेचैनियाँ दिल मे समन्दर आग का
दहकते शोलों को हम कंचन बता सकते नहीं ।।

95

जिंदगी के अजब सिलसिले हो गये ।
आज महफ़िल में सब दिलजले हो गये ।।

यूँ बहारों का मौसम गुज़र भी गया
फूल सारे मगर अधखिले हो गये ।।

एक भी बूँद आयी न रुख़सार पे
अश्क़ आँखों मे जैसे पले हो गये ।।

इक सुनामी लहर कर गयी फ़ैसला
लोग सारे अचानक भले हो गये ।।

हैं खिज़ा भी तो रिश्ता निभाती रही
ख़ार औ फूल सब दिल मिले हो गये ।।

नींद ही उड़ गयी जब पलक कोर से
ख़्वाब सब आँख के झलमले हो गये ।।

प्रीत की रीति ऐसी अजब है सखी
श्याम के प्यार में साँवले हो गये ।।

96

मिला है सुख हमेशा इस जमीं से ।
नहीं करते शिकायत हम किसी से ।।

अँधेरा ही हमेशा है डराता
नहीं डरता है कोई रोशनी से ।।

नहीं रहती कोई चाहत अधूरी
अगर जीता रहे कोई खुशी से ।।

नियम कानून या फिर रस्म कोई
नहीं हैं होड़ करते आशिकी से ।।

सिवा तेरे न कुछ भी याद रहता
हैं आजिज़ आ गए हम बेखुदी से ।।

नज़र के तीर क्यों बरसा रहा तू
न हम को देख ऐसे बेरुखी से ।।

हो मुमकिन तो कोई उम्मीद दे दो
न हो मायूस कोई जिंदगी से ।।

97

वतन मेरा रहे आजाद बस ये काम बाकी है ।
बहुत कुर्बानियाँ दे दीं फ़क़त अंजाम बाक़ी है ।।

हमारी सरजमीं प्यारी हमारे दिल में है रहती
ज़माने में इसे करना अभी सरनाम बाकी है ।।

बहुत की कोशिशें हम ने ज़माने को मनाने की
हसद मारों का अब होना यहाँ बदनाम बाकी है ।।

उड़ा कर के कबूतर है अभी तो रस्म पूरी की
अमन का देना दुनियाँ को अभी पैग़ाम बाकी है ।।

हैं दहशतगर्द हम पर ही जुलम कर के सुकूँ पाते
कहें हम को ही दहशतगर्द ये इल्ज़ाम बाकी है ।।

सुकूँ अपना लुटाया चैन भी कुर्बान कर डाला
शहीदों में अभी मेरा लिखाना नाम बाकी है ।।

हुए हैं देश के टुकड़े सितम सहते पड़ोसी के
दुआओं का मगर मिलना हमें ईनाम बाकी है ।।

98

दरमियाँ कुछ फ़ासले रखता तो है ।
बात दिल की खुद से ही कहता तो है ।।

बुत बना कर लोग तुझ को पूजते
तू गरीबों की सदा सुनता तो है ।।

है जमी करती बहारों को विदा
पास उसके याद का पत्ता तो है ।।

जगमगाते लाख दीपक देख कर
ये अँधेरा आज कुछ सहमा तो है ।।

रोज खिल कर फूल मुरझाता रहा
आज रब के नाम पर टूटा तो है ।।

हैं नहीं आग़ोश में तो क्या हुआ
तू सितारों में कहीं दिखता तो है ।।

अश्क़ ने जो दास्ताने ग़म लिखी
उस में मेरे नाम का चर्चा तो है ।।

99

गलतियाँ की हैं अगर स्वीकार होना चाहिये ।
काम से अपने सभी को प्यार होना चाहिये ।।

वक्त हो अनुकूल ऐसा तो सदा होता नहीं
हर परिस्थिति के लिये तैयार होना चाहिये ।।

सोच पर अपनी बराबर हक़ सभी का है यहाँ
चाहतों का भी कभी इज़हार होना चाहिये ।।

यूँ। बढ़ा कर हाथ कोई फूल को तोड़े नहीं
जो सुरक्षा कर सके वो ख़ार होना चाहिये ।।

हो तरक्की देश की चाहत यही सबकी मगर
सोच शासन की नहीं बीमार होना चाहिये ।।

हक़ सभी का है बराबर यह समझने के लिये
क्यों किसी को फ़र्ज़ से इनकार होना चाहिये ।।

आइये हम आप लिक्खें प्रेम के इतिहास को
दुश्मनी की अब नहीं तक़रार होना चाहिये ।।

100

रौशनी से गुज़रते रहे रात भर ।
ख़्वाब से प्यार करते रहे रात भर ।।

कोई पैग़ाम पाया तुम्हारा नहीं
बेखुदी में सँवरते रहे रात भर ।।

आ के कोई हमें रोक ले ना कहीं
अपने साये से डरते रहे रात भर ।।

था तसव्वुर तुम्हारा हमें छू गया
हम मचलते सिहरते रहे रात भर ।।

शामे फुरकत ने इतना सताया हमें
अश्क़ आँखों से झरते रहे रात भर ।।

याद की पोटली बाँध तो ली मगर
हम सिमटते बिखरते रहे रात भर ।।

जब भी उम्मीद करवट बदलने लगी
हम तो जी जी के मरते रहे रात भर ।।

101

छलकती आँख तो सबकी नहीं है ।
खुशी बाज़ार में मिलती नहीं है ।।

जगी आँखों मे थोड़े ख़्वाब दे दो
ये विरहन रात भर सोई नहीं है ।।

कभी मुफ़लिस के घर भी झाँक देखो
कहीं हमदर्द कोई भी नहीं है ।।

ये माना आपने की बेवफाई
शिकायत भी मगर कोई नहीं है ।।

उलझ कर रह गया आँसू पलक पर
कि अश्कों ने नज़र धोयी नहीं है ।।

बड़ी बातें किया करता जमाना
हक़ीक़त जो कभी होती नहीं है ।।

नहीं जो जिंदगी में प्यार पाता
वही कहता है उल्फ़त ही नहीं है ।।